進藤やす子の

溺愛ワードローブ

Deki Ai wardrobe

進藤やす子

産業編集センター

はじめに

好きに理由なんてない

39歳。
今までいろいろ流行も追ってきたし、他人の情報にも影響を受けてきました。
でもなぜだろう、そういう「出所が自分以外」というものに対しては
結局心の底から大大大好き！というレベルには到達しなかった気がするのです。
もしかしたら流行とは違う方向を向いているかもしれない
他人はこっちの色のほうが使えていいですよ等と言うかもしれない
でも、私はこれが好き。
そんな感覚に対して敏感でいたいし
歳を追うごとにより大事にしたいと思うようになりました。
見ると思わず顔がほころんじゃうような
幸せな気持ちになるものが誰にでもあると思うんです。
左脳じゃなくて右脳が好きと言ってるような。

大人になるということは情報を吸収するだけでなく
その中から自分に必要なものを選べるようになることのような気がします。
もう今年は40歳。だいぶ大人〜〜〜！
だから、「私はこういうものが好きです」と自覚していたい。
ちゃんと自分で好きなものを把握できていると、なんだかとても気持ちがいいものです。
だって、いつも誰かの真似をしてるような生き方ってちょっとつまらない。
自分の好きなものには自信をもって、自分で自分の背中を押してあげられる大人でありたい。
この本を手にとってくださった方が
自分にとって溺愛できるものってなんだろう……なんて考えてくれたら、
そしてその好きなものを想像しただけでニヤニヤなんてしてくれたら、
私もなんだか幸せです。
自分の好きなものを一生大事に溺愛していきましょう♡

好きなんだもん
仕方ないよねー
理由なんてない

CONTENTS

はじめに……002

定番アイテム……006

はずし系&ポイント系アイテム……010

1 長く愛せるベーシック系……012

Aquascutum / Paul Stuart / REMI RELIEF × Ray BEAMS /
CINQUANTA / DEUXIÈME CLASSE /
JOHN SMEDLEY × DEUXIÈME CLASSE / Shinzone /
RED CARD / Drawer

column I♥レオパ柄……032

2 気になるデザイナーズ系……034

HYKE / Sea New York / KENZO / JAMES PERSE /
BY MALENE BIRGER / Scye / ZUCCa / YOKO CHAN

column I♥カラフルワンピース……052

3 また買い始めました!……054

Theory / Theory luxe / COLE HAAN

column I♥柄物ストール……064

4 ハイブランドの魅力……066

HERMÈS / SAINT LAURENT / VALENTINO / FOREVERMARK

column I♥スヌーピー・コラボアイテム……076

5 ヤングブランド新提案……078

BEAUTY & YOUTH / GALLARDA GALANTE / Ray BEAMS / rich / SLY / Abahouse Devinette / The Virgnia / dahl'ia / MINNETONKA

column I♥ブル柄……098

6 普段使いしたいスポーツ系……100

VANS / Patagonia / ROXY / Tialeeray

おわりに……110

定番アイテム

フェミニンすぎないトラッドベースなアイテムが定番で、ベーシックカラーの中では黒、紺、グレーが好き。人が着ていると素敵に見えるので茶色やベージュのアイテムにもトライするのですが、だいたい溺愛するまでには至りません。他人にとっての定番が自分にとっての定番とは限らないものなのです。

Ralph Lauren
マニッシュなストライプ&エンブレムと女性らしいシルエットがお気に入り

UNIQLO
毎年買うユニクロの無地Tシャツ。安くて型崩れしない便利モノ

Shinzone
薄手のコットン、深めのVネック、きもち長めの着丈、で言うことなしの殿堂入り

DEUXIÈME CLASSE
HERMÈS の スカーフの絵柄を重ねた技ありボーダーシャツ。1枚で様になります

BEAMS
bpより綺麗めに着られるシングルライダース JK。柔らかい革で着心地抜群

beautiful people
コンパクトなサイズのライダース JK は甘辛コーデに欠かせない１着

Shinzone
蛍光色が映えるリントンツイード。肩パッドなしでカーデのように気軽に羽織れます

Shinzone
茶系をあまり着ない私でもこのファーの可愛さにヤラれて溺愛歴６年

London Tradition
オフホワイトが抜群に可愛いオーセンティックなダッフルコート

Lee
ゆったりシルエットのボーイフレンドデニム。コーデュロイなので夏以外は着用

nano・universe
年中スタメンのひざ下タイトスカート。タフでとっても頼りになる奴です♪

COLE HAAN
肌なじみのいいグレージュがお気に入り。スエード素材で足入れも柔らかい

FABIO RUSCONI
色違いで買っておけばよかったと後悔しているほどヘビロテ。太ヒールで疲れにくい

Christian Louboutin
高めながら太ヒールなので安定感あり。かれこれ7年くらい愛用中

JIMMY CHOO
王道のバイカーブーツ。ラバーソール、ミドル丈で使いやすい！

HERMÈS
シンプルなコーデのアクセントに。コリエ・ド・シアンは王道の黒×ゴールド

BALENCIAGA
え？まだ使ってるの？と言われそうなほど長く愛用。まだまだ現役です♪

CHANEL
パテントながら柔らかくエレガントにもカジュアルにも持てる万能バッグ

GOYARD
歳を追うごとに重いバッグが持てなくなって(笑)、ますます大活躍のサンルイ

Faliero Sarti
薄手のカシミア大判ストール。畳むと小さくなり黒で汚れも気にならない

matta
ウール素材の冬仕様。顔周りを明るくしたいときに重宝してます

Shinzone
厚手カシミアが最高の肌触り。初秋はアウター代わりにも使えて便利

はずし系&ポイント系
アイテム

どこかに遊び心のあるアイテムが大好物！ どうやったらこんなの思いつくの？という尊敬の念と興奮から、ひと目惚れと同時に即購入。
ベーシックアイテムと違って生産数も少ない為、買い逃したら二度と巡り会えませんから！ こういうときは決断力と瞬発力が大事です（笑）。

Wildfox
目の部分がソフトクリームの食いしん坊ニコちゃんにひと目惚れ！しかもスパンコールという懲りよう！

CONVERSE
実はパンダ柄！パンダ好きとして買わずにいられなかった１足

dolce vita
黒とベージュには目もくれず、綺麗なブルーに惹かれて購入

Frieda and Nellie
鮮やかなカラーとヴィンテージパーツが人気のNYブランド

NIKE iD
FREEをオリジナルカラーでオーダー。タグには英字の名前入り♪

Disaya
ロンドンらしいクラシックかつガーリーさが特徴のブランド

UNDERCOVER（上）
5preview（下）

極悪T。ミッキーのほうは首周りと裾&袖をハサミでカット

cashmere

CHANELのマトラッセ風トロンプルイユが効いてます

KENZO

アラフォーには2巡目のKENZOブーム！大人でも使いやすいニット

MARIEB

NAM BEARが可愛いYSL風ユーモアTシャツ。私の頭文字YS入りで即決！

NO BRAND

KISSが好きなの？と聞かれますが、パンダが好きなんです（笑）

Markus Lupfer

スパンコール刺繍が人気のロンドンブランド。ニットなのもツボ♪

YARNZ

ストール&スカーフが人気のNYブランド。シーズンごとのPOPな柄ストールは要チェック！

ずっと
愛することを誓います!
やす子39才

1

長く愛せる ベーシック系

飽きもせずずっと好きで、毎シーズン必ずスタメン入りするアイテム。
私の場合それはすごく普遍的な形で、そしてやっぱり素材が上質なもの。
「いいものを長く愛する」というのは、流行りものを追った若い頃を経て、
自分の好きなものがわかるようになった大人だからこそできる
おしゃれではないでしょうか？

Aquascutum

トレンチコート

創設から160年以上の歴史を持つ、伝統のブランドアクアスキュータム。究極のオーセンティックなコートだからこそ、個性を大事にして着こなしたい。『Love, Hope & My Trench』の撮影時（自前コーデ）、最初は赤のひざ丈ノースリワンピをチョイスしたものの、まとまりはいいけど私らしさに欠けるな…と思いスヌーピーのスウェットに変更！（左ページコーデ）

どこかちょっとカジュアル感があるコーデがやっぱり自分らしくて大好きです♥♥

コレがボツコーデ…

大人っぽくてバランスも良かったけどしっくりこなかった…

…アクアスキュータムのトークイベント時はロックT（11ページ）とチュールスカート。

基本に忠実な肩章、軽量で撥水加工されたギャバジン素材、ロゴが刻印されたボタン……老舗ならではのこだわりが随所にちりばめられています。着丈や色によって大きく印象が変わるトレンチ。じっくり時間をかけて自分の一着を探す価値のあるアイテムです。

Item Memo

母がトレンチコート好きだったのもあり、私自身も若い頃から大好きなアイテム。何着かを経て行き着いたAquascutumのトレンチコートは王道だからこそ着くずしても上品さを失わない本物感が魅力です。別売りのレオパ柄のライナーでカスタマイズも楽しみたい！

『Love, Hope & My Trench Coat』
（ハースト婦人画報社）

トレンチ×パンツスタイルもキレイめ黒パンツとかではなく、
……デニムやコーデュロイでカジュアルさを加えたい。
なぜなら…
実は「かっこよくなりすぎる」コーデが苦手なんです
……リキテンシュタイン風ストール（11ページ）でポイントを作りつつ、ハズすのも好き♥

Paul Stuart
テーラードジャケット

いわゆる「紺ブレ」と呼ばれるテーラードJKが昔から大好きで、何着か所有しているうちの最新のものがコチラ。上質なウール素材で、夏以外3シーズン着られる上、形がとてもスタンダードなのでインナーでいろいろ冒険できるのが気に入っています♥

裏地もツボ♥

2つボタンならボタンを留めても、留めずに着ても
胸の開き具合がキレイ✧✧
「テッパン」のデニムコーデ。
ダメージデニムやホワイトデニムなど
季節や気分でチョイス。

色はダークネイビー、襟は小さめ、着丈は短め（ヒップが少し隠れるくらい）を意識すれば、“制服”になる心配もありません。袖をまくったり、ひざ下スカートを合わせるなど、遊びの工夫も取り入れて楽しみましょう！

Item Memo

近所にあるSANYOのアウトレットショップで購入。これぞ紺ブレという王道の作りにひと目惚れ。袖は折り返すと光沢のあるグレー地、身頃の裏地は赤（ストライプ入り）で小技も効いてます♪ 上質プレッピースタイルが叶う一着。

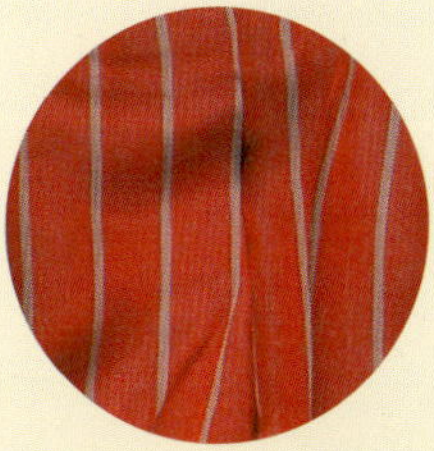

紺ブレに黄色のインナーはバツグンの相性…
クルーネックでデコルテの肌見せを抑えた分、ボトムスはタイトで女らしさを。…

自社工場を持つこだわりのブランド
REMI RELIEF

REMIX（リミックス）とRELIEF（取り除く）という意味のブランド名が示す通り、一つひとつの工程を丁寧に、見極めながら作られていることがわかる一枚です。絶妙なさじ加減の加工により生み出される風合いと着心地の良さ。カジュアルスタイルをさりげなくランクアップさせてくれます。

Item Memo

BEAMSとのコラボシャツ。着古した感じや色落ち具合など、経年変化の味わいが丁寧に作られています。実は数年前に同じくBEAMS×REMIのシャツ（Sサイズ）を買って着ていたのですが、太ってパッツパツになってしまい諦めて新調したのがコチラ。今度は安心のMサイズ（笑）。もう上のサイズはないので気をつけなくては！

こなれ感がUPするデニムシャツはダウンベストを合わせて秋もヘビロテ♪
ひじ〜袖口あたりの凝ったヴィンテージ加工もツボ♥
インナーとボトムスは白で抜けをつくれば重ね着もスッキリした印象に。

ON / OFF 問わずに使える レザートート

「カジュアル」「デイリー」なイメージが強くあるトートバッグ。でも実は、素材一つで雰囲気はがらりと変わります。レザーを選べばビジネスシーンでも大活躍。丈夫で収納力抜群なトートの魅力を存分に味わえます！

Item Memo

レザーなのでON / OFFも季節も問わない「使えるトートバッグ」♪アウターが重めになる真冬でもレザーなら相性もよく重宝します。大きいほうはhéliopôle、小さいほうはDRESSTERIORで購入。秋口にはムートン素材のものも見かけました。それもホント可愛かったです！

オフホワイトでも
レザートートなら重厚感ある
秋冬コーデにもしっくり♥…
薄手のアウター代わりになるくらい
暖かい大判カシミアストール♪
秋冬こそ
オフホワイトや
ホワイトを
うまく
取り入れたい♥

店頭でくぎづけになった
華やかなアロハ柄
当初は「ショートパンツ」を
買うつもりだったんですが
試着してみたら
ひざ小僧の
主張っぷりに
ビックリ!!
立派な
「おばちゃんの
ひざ」!!!
ぎょっ
DEUXIÈME CLASSE
アロハ柄タイトスカート
そんなわけで
第2候補の
「ひざ丈の
スカート」を
購入することに。
でもコレが
大正解
ひざ丈なので
はくのも気後れせずに
大人のカジュアルが
楽しめます
ベーシックカラーはもちろん
ヴィヴィッドカラーのローゲージニットなら
より鮮度UP
足元はジュート素材の
サンダルで
抜け感を
夏はゆるTに
エスパドリーユ

ある日突然、気になり始める「ひざ」。去年までは楽しく着られたショート丈のスカートやパンツに違和感を覚えたときは、ひざが影響しているのかも。思い切って丈の違うアイテムを選んでみると、新しい発見があるはずです。

Item Memo

それまでタイツで隠していた肉々しいひざ小僧をあらわにしたとき、冷静に「ないな」と思えて大人しくショーパンを諦めた2012年の春。ひざ丈スカートが人気の今となってはひざ上丈でも短めに感じますが、一昨年はまだタイトスカートなんて久しぶりといった感じでした。でもこのトロピカルな柄ならタイトスカートでもコンサバにならずに気楽に履けそうと思って購入。春から初夏にかけてはニットで、真夏はTシャツやカットソーと合わせて、甘過ぎないプリントスカートを堪能しています。

シンプルなスウェットでこなれ感を
ジャストサイズのスウェットなら子供っぽくなりません♪
スニーカーならよりヘルシーな雰囲気に♥
スニーカー履くなら断然スリッポン♥

老舗ブランドの品質&
女性らしいデザイン

シルクのような光沢とカシミアのような肌ざわりの最高級綿シーアイランドコットン。

DEUXIÈME CLASSEとのコラボレーションによって、上質で上品であることに加え、女性らしさも実現されたニットです。

キレイ色のパンツはグレーで合わせて
優しい印象に
大きめのパールネックレスで
長すぎず、短かすぎず、の
大人の女性にありがたい着丈。

Item Memo

少し立ち上がりがあって、横に開いたVラインが魅力。店員さんにも強く薦められ、試着して良さがわかって、思わず色チ買いしました。身頃ゆったり＋厚手コットン→肉を拾わない、鎖骨キレイ＋お腹まわりゆったり→ラクだけど女性らしい、と、とにかく優秀！

Shinzone
ウールカシミアクルーネックプルオーバー
発色の良さに惹かれたこのニット、
カシミア混紡で着心地もgood♥
冬でもあまり長袖のインナーを着ないので
素肌に触れるニットは滑らかな
風合いのものを
選びたい♪
そ・し・て…
スウェット風のデザインが超好み!!
ショーパンにバイカーブーツもかわいい♥
大人カジュアルコーデに欠かせない1着です。

鮮やかなカラーが魅力のニットはイエロー、グリーン、ネイビー、グレーの４色展開。カシミア＆ウールの上質な素材と、首もとのスウェット風デザインの組み合わせが新鮮な一枚。ラグランだから着心地も◎です。

Item Memo

発色の良さ、クルーネックの今らしさ、そしてトレーナーの雰囲気がお気に入り。色チ買い熱望アイテムです!!
色が派手→形はベーシックなもの、というセオリーに則って選んで大正解。シンゾーンはユニセックス感が好きで長く着ているものが多いブランドです。

鮮やかなイエローでトレンチコートもフレッシュに
スウェットに見えて実はニット、スニーカーもスエード素材を選んで
カジュアルスタイルをクラスUP

履き心地良く、
美脚効果も抜群

日本発のデニムブランドRED CARD。しなやかに馴染み、しっかりと伸びるストレートデニムは定番の人気アイテム。多くの女性たちの支持を得ています。適度に加えられたヴィンテージ感も嬉しいところ。

Item Memo

ジーンズのももから裾にかけてや、裾にできるアタリ（色落ち）がすごく好きなので、私の身長（163cm）でもお直しナシで履けるものは買い逃さないようにしています。ストレートデニムと書いてしまってますが、これってもしやボーイフレンドデニムだったりするのかも（苦笑）。でもロールアップしないでアタリを見せて履いたり、いろいろな履き方で愛用中♪

カラーツイードJKで春らしく仕上げて
紺地に明るい蛍光色の糸が織り込まれたミックスツイードは
濃紺デニムと文句なしの相性!!

目指すは大人可愛い
ダッフルコートのスタイル

誰もが一着は持っているであろう冬の定番、ダッフルコート。ですが、子供っぽくなったり、あか抜けない印象になりがちです。困ったときには、例えばヒールのあるシューズやレザーのバッグなど、きちんとした小物を合わせると、大人可愛いスタイルに転換できます。

Item Memo

まだ暑い9月、打ち合わせの合間（たしか30分ほど）に立ち寄った青山店で即決して購入した一着。ひと目見て「このブルーにはもう二度と出会えない！」と思ったのは確かですが、かなりハイプライスだったのでむしろイキオイがないと買えなかったかもしれません（笑）。ちょっとコクーンぽいシルエットで定番の形とはまた違った可愛さがあり、溺愛ポイントの一つです。

フロントに
ちらりと
フレブルをのぞかせて。…
ひざ丈タイトスカートで大人感はキープ
ベーシック小物で"きちんと感"を。

column

I ♥ レオパ柄

J&M DAVIDSON
ハラコとパテントのコンビトート。
A4が収納できる大きさで便利

レオパード柄は数あるパターンの中でも大好き！ 小さめの柄でも小花柄ほどガーリーな感じではなくちょっと辛口になるところが、手持ちのシンプルアイテムとも馴染みやすい♪ とはいえ、一歩間違うと「関西のオバちゃん」かもしくは「ギャル」っぽくなりかねないので柄選びは慎重に（笑）！

Shinzone（左）/ UNITED ARROWS（右）
右は10年愛用中。同じ柄でも、ベースの色が違うと印象も変わります

D'issy
まだ暑いけどもう夏っぽい柄は着にくい、という秋口に重宝する薄手ワンピ

COLE HAAN
軽井沢のアウトレットでゲット♪足が綺麗に見えるポインテッドトゥ

sergio rossi
中の紫とのコントラストまでも美しいロッシのパンプス。上品♪

rich
rich の定番、ブラウジングニットワンピをレオパ柄で。華やかな１着

cher
七分丈？ちょっと不思議な着丈が愛らしいコットンパンツ

adidas by Stella McCartney
旅行やランステに行くときに重宝するナイロンバッグ。軽くて便利！

VANS×B&Y
冬場に最も出番の多い VANS が コチラ。柄も小さめで合わせやすい

デザイナーズの買い物は
楽しい

2

気になる
デザイナーズ系

時代の空気を捉えているデザイナーズブランドは、やっぱりとても魅力的！
ワードローブに1アイテム取り入れるだけでもコーディネートの幅が広がります。
何より買うのも着るのも、本当に「楽しい」！
主に新宿伊勢丹のRe-Styleにて捕獲（笑）してます♪

タイトめなシルエットを選んで
脱Gジャンジプシー

HYKE
デニムジャケット
TYPE3
元greenの
デザイナー夫妻が3年半ぶりに
帰ってきた!! 新ブランドHYKE
まずはGジャンをget!
柄物の地色や
インナーのニットの色が
デニムとなじみのいいネイビーなら
遊び心がありつつも大人っぽい
スッキリしたシルエットを損ねないよう
基本、インナーは薄着です。

デニムジャケット（Gジャン）はカジュアル・スタイルの代表選手。サイズや着方によって雰囲気ががらりと変わるので慎重に選びたいものです。HYKEのデニムジャケットはシンプルさに磨きがかかった一着。計算し尽くされたシルエットが、洗練された印象を作ってくれます。

Item Memo

惜しまれつつ休業したgreenのデザイナー夫妻が新ブランドHYKEで再スタート。みんな帰りを待ってました！
ファーストシーズンにGジャンが2型発表されるほどこだわりのあるアイテム。サイズもそれぞれ3展開。そのくらいサイズでニュアンスが変わってくるものだからこだわって選びたい。これからまた少しずつ色々なアイテムを買い集めていきたいブランドです。

肩もぴったり✧ジャストサイズのGジャンならマキシスカートとのバランスも◎
バングルでアクセントを✧
ベーシックなものばかりを合わせるコーデの時こそサイジングが命!!

Sea New York

ドローストリングワンピース

レオパード柄はSea New Yorkの代名詞❤
そのレオパ柄を花のようにデザインしたプリントが清楚《せいそ》でかわいい1着。このシャツワンピは定番の型ですがプリントによって雰囲気がガラリと変わるので柄違いでほしくなっちゃう!!

メガネでハズしてもかわいい❤

シャツワンピでもドロップショルダーでリラックス感あり♪

ウエストはドロスト仕様。

シルク素材で柔らかなシルエットに❤

足元がブーツのときはウエストをしぼって着丈を短めにするなどアレンジも自由自在

チェック×レオパ柄もステキ!
あとキツネ柄とかもあります

新鮮な組み合わせ!

オリジナルのプリントで注目されるNY発ブランドSea New York。ドロストのふんわりしたシルエットとシルク素材の柔らかさが、大人のフェミニンスタイルを作ってくれます。

Item Memo

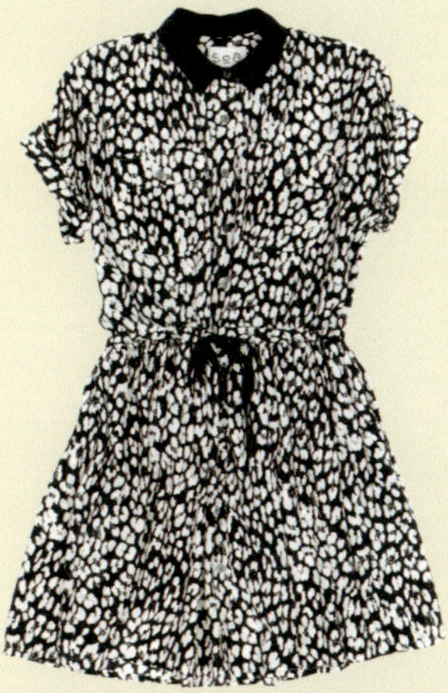

フラワーのようなレオパードのような、ガーリーなプリント。定番の形ながらプリントでかなり印象が違うので、毎シーズン買い求めるお客さんがいるというのも納得。コレクター心がくすぐられるんでしょうね〜。私も次はちょっと変わった柄を選んでみようかな♪

トレンチコートでワンピの甘さを緩和
ショートorまとめ髪でフェミニン度は抑えめくらいがガーリーワンピを着こなしやすい。
トレンチやタッセルシューズでトラッド要素をプラス

KENZO
ペンシルスカート
醜いひざをまるっと隠してくれる丈の
このスカートは軽井沢のアウトレットでの戦利品♪
2トーンカラーにゴールドボタンがアクセントになり
ひざ丈でも老けた印象になりません。
厚手のコットン素材なので
1年中着られそう♥
ブラウスと合わせて上品に
一元値では手を出しにくい
ハイブランドの「服」こそ
アウトレットを
うまく活用
「本当にいい物」を
知る入口としても
オススメ♥
後ろもお尻のあたりに
切り替えがあったり
さすがの凝ったつくり
オフの日はTシャツにクラッチで
着崩したり♪
KISS
ロックTでハズしても
かわいい♥

前身頃に入った２本のラインと、裾にかけて細くなっていくラインのマジックでスタイル良く見せてくれます。ボディが入ることで明らかになるカッティングとデザインに惚れ惚れ……。

Item Memo

毎年出場している軽井沢ハーフマラソン。走り終えた解放感から、駅前にある軽井沢プリンスショッピングプラザ（アウトレット）で散財するのが、だいたいいつものコース（笑）。このスカートもプラザ内のCARVENなど、旬なブランドを扱うショップで購入しました。ストレッチも効いていて、着やすさ＆着映え度バツグンの優秀アイテムです。

秋冬はスウェットと合わせるのも好き♥
お気に入りのスヌスウェットでハズして♪
MASKED MARVEL
赤のベイビーダッフルで可愛さをプラス
着丈が短めなので
ひざ丈スカートとバランスがとりやすい♪

JAMES PERSEの
コットンシャツ
JAMES PERSEといえば
ゆるTが有名ですが
近所のセレクトショップで
こんなキレイ色のシャツを発見。
この時季はこうした軽い羽織物が
1枚あると重宝しますよね。
ノーアイロンで着られるところも
ポイント高♥ デニムと合わせて
ヘルシーに着るのが好きです
リゾートライクな夏小物でぬけ感を♥
脇の部分がカットソー素材になっているので伸縮性バツグン♥
着やすい〜♪
ゆったり着たいのかジャストサイズで着たいのか2と3を試着して2に決定。シャツはサイズ感がキモ!!
もちろんホワイトデニムもかわいい♥

質の良いシャツはよく伸ばして丁寧に干せば、ノーアイロンでもシワの加減が素敵な風合いになります。サイズ感で迷った時には、肩まわりを基準に選んで。ゆったり着たいのか、ジャストで着たいのかをイメージするのも大事。

Item Memo

お膝元の高円寺は古着タウン。そんな街に珍しくキレイめのインポートアイテムを揃えるセレクトショップがあり、そちらで購入。流行り廃りのないベーシックな形に加えて、脇のカットソー素材のおかげで伸縮性が高く着心地も良好。ノーアイロンで着られるところも魅力です。

黒のマキシワンピを…
華やかピンクで軽やかに
小物を白にすれば抜け感UP…

BY MALENE BIRGER
レーストップス
大人の女性にふさわしいアイテムがそろう
デンマークのファッションブランド
このレーストップスはエッジの効いた
インナーのネオンイエローにひかれて購入。
レースなのに甘過ぎないので
気後れせずに着回せます
デニムと合わせて鉄板！甘辛MIXコーデ。
もちろんJKのインナーにも最適
色×色で華やかに着ても可愛い

レース＋ネオンカラーという、少し違和感ある組み合わせがオススメ。甘さに偏りがちなレースに、ネオンカラーが入ることでエッジな雰囲気が加わり、旬なスタイルを作ってくれます。

Item Memo

厚手のレースとネオンカラーの組み合わせに、ひと目惚れしたトップス。袖があるから、気後れせずに着られるところもポイントです。デンマークのブランドだからか、サイズは日本人には大きめかも。XSとかSぐらいがちょうど良いので、試着してからの購入をオススメします。

華やかトップスが主役のシンプルコーデ
かしこまりすぎず
でも大人っぽくしたい時は迷わずひざ丈のデニムスカートを
小物はグレーで
全体のトーンに
なじませて。

ユニセックス×フェミニンで
大人のミックススタイル

Saye
裾フリルスカート
一見春物？と思うほど薄ーいウール地で
ニュアンスあるアイボリーが上品なこのスカートは
2008年のAW物。しばらくタンスの肥と化していたの
ですが最近復活。
イイ物は
廃れません。
スカートにしては
高!!
…という
お値段でしたが
買ってよかった。真価は
数年後に判る
ギョー
昭和の表現

フリルやティアード、タイトなどフェミニンなスカートのときには、カジュアルさやユニセックス感を意識したアイテムと合わせると大人らしくまとまります。ボトムにボリュームが出るようならトップは小さく。

Item Memo

最近のScyeではあまり見られないテイストのひざ丈スカート。上質素材とヒダの重なり具合にこだわりがすごく感じられる、これぞデザイナーズといった一着です。同じタイミングで購入したウェスト部分がスパンコールのプリーツスカート（『欲ばりワードローブ』参照）は、太って実は履けなくなってしまったのですが、これはウェストゴムなので現役（笑）。大事に履き続けます！

ひざが隠れる丈、
…ボリュームもまぁまぁあるデザインなので
トップスはコンパクトなものでバランスを
とってます。
…フェミニンすぎるアイテムと合わせると too much なので
どこかしらユニセックスな雰囲気を加えて。

ZUCCa

アルパカファー付きプルオーバー

シンプルな形で、でも1枚でサマになるようなニットはないかな〜と思ってた時に出会ってしまったのがコレ！
両肩についたアルパカ素材のファーが動物っぽくて可愛い♥
ベーシックな色味ながらこのファーのおかげで愛嬌あるコーデに仕上がります。

ベーシックカラーでまとめれば大人仕様

ショーパンコーデにも！
JIMMY CHOOのバイカーブーツ
もちろんタイツ必須
ベイビーダッフルでポイントを♥

肩部分のボリュームあるアルパカ・ファーが楽しい一枚。デザイン性は高くともニット部分は中肉のウール素材のシンプルなデザインなので、着回し&着映えに利きます。

ペンシルスカートとも好バランス
タータンチェックとレースアップブーティでブリティッシュトラッド…★
色々なタイプのボトムスと相性がいいのでホント重宝しまくりです♥

Item Memo

身幅も着丈もほどよくゆったりな、大人が安心して着られるシルエット。それだけでは普通すぎるところに、ガツンとついた両肩のファーのおかげで、ベーシックカラーなのに華のあるニットです。
意外とクセが強くないので、シンプルなグレーのニットのつもりで着ています♪

ミニマムな美しさの
ドレス

YOKO CHAN
Front Gathered Dress

「私の中で「YOKO CHAN」といえば"リトルブラックドレス"。ミニマムな黒のワンピースのイメージです。初めて買ったのはノースリのコクーンワンピだった（『おしゃれのルール』参照）ので2着目は

こんな5分袖のタイプをチョイス。YOKO CHANらしい詰まった襟ぐりにギャザーが美しいアクセントに✧✧真っ赤なネイルでひとさじの女らしさを足して、あくまでサラリと着たい1枚。

シンプルなデザインがカッティングの美しさを際立たせるドレスです。柔らかくしなやかなウール地は着心地の良さを保証。ずっと大切に着たいリトルブラックドレスです。

Item Memo

胸下に入ったギャザーにほどよい可愛らしさがあり、首も詰まっていて五分袖と露出も抑えらているので、あらたまった席にも着用可能。先日、女友達と温泉に行ったあと身内の法事に行くことがあり、このワンピースは本当に重宝しました。おしゃれ感を損ねず、旅行にも冠婚葬祭にも対応できるフレキシブルさに脱帽！

YOKO CHANの服には奇をてらわずシンプルでいい物同士を合わせたい♥
FOREVER MARKのダイヤのピアスとShinzoneのファーコートでドレスUP♥

column

I ♥ カラフルワンピース

10代の頃からパステルピンクよりヴィヴィッド ピンク！というくらい鮮やかで強めの色の方が 好きでした。面積の大きいワンピで大胆に色を 取り入れるのが大好きで、地味な色を着 ているより落ち着くくらい。１年を通してよく着ますがここでは夏物をご紹介♡

PAUL SMITH BLACK LABEL

ちょっと蛍光がかった色味が可愛らしいレーヨンワンピ

FREEK'S STORE

胸下ギャザーにドレープスリーブで、体型カバーが叶う嬉しい１着

CARVEN

フロントのツイストギャザーがアクセントに。レモンイエローの発色が絶妙！

DRESSTERIOR
ハイゲージコットンで着心地抜群。深い青で着る場所を選びません

MARILYN MOON
キャミソール型のマキシにポンポン付きでヴァカンス気分満載♪

LOEFFLER RANDALL
光沢あるシルク素材なのでパーティー等で着映え度もバツグンの七分袖ワンピ

パステルカラーより
断然
ヴィヴィッドカラー♡

再燃

3

また買い始めました！

20代後半の会社員時代、よく愛用していたTheoryやCOLE HAAN。
フリーランスになって以来、年々カジュアル化が進んでいた私ですが
いよいよ迎える四十路を前に、機能的かつ美しく見えるブランドの良さに
再び惹かれるようになりました。またまたお世話になります！

Theory

クロビス・ラナイJK

レザーとストレッチコットンという
新鮮な組み合わせに
ひと目ぼれして買ったJK。
ボトムスやインナー次第で
オンオフと幅広い着こなしが
楽しめる優れもの♥
ストレッチが効いているので
とても着心地がよく、長時間の
着用でもノンストレスです♪

部分的にレースやシースルーのインナーなら
女っぽい印象に♥
もちろん王道に
ゆるTも
シンプルで
ステキ

キャラクターもので
ハズしてもかわいい♥

深いVネックラインとウェストを少しつまんだシルエットが、シャープでありながら女性らしいシルエットを作ってくれるTheoryのラナイ・ジャケット。人気の定番商品です。

Item Memo

別の物を探しに行った際、ひと目惚れしたコンビJK。レザーとコットンという組み合わせが他では見つけられないと思い、購入することは 即決したものの、SかMかでさんざん悩みました。試着室で湯気が 出るかと思うほど着脱を繰り返しましたもん（苦笑）。結局Sはなんとなく二の腕の張りが気になってMを購入。その場の雰囲気にのまれず、試着は納得のいくまでしちゃいましょう！

ひざ丈タイトスカートで辛口レディルック
色味を抑えてスッキリとした大人の女性を演出
…小物は黒×ゴールドスタッズでアクセントを。

Theory luxe
ニットワンピース
今季、大注目の
フィット＆フレア型のワンピース♡
ウエストより少し上からフレアになるので
重心が上がってスタイルがよく見える上に
おなかまわりも気にせずにすむので
重宝しまくりです(笑)
…ひざ上くらいの着丈なので
長すぎず短すぎず
着る人を
選びません。
上品な雰囲気なのに
華もあるので
「初めまして」な際の
服としても最適
ちょい
堅めな
シチュエーションにも
対応可能
…トレンチコートとの
相性もバツグン♡

レーヨン素材で着心地＆シルエット良しの優秀ワンピース。ウェストから切り替わるメリハリあるシルエットがとてもきれい。九分袖と襟ぐりの開きとのバランスが女性らしい美しさを際立たせてくれます。

Item Memo

梅田の大丸で遠目にも素敵なワンピースを着ている店員さんを発見！「かわいー！」と引き寄せられるようにしてショップに入り、その場で同じものを買いました。フォーマルすぎないけれどキチンと見えるので本当に重宝しています。シワにならず型くずれがないのも高ポイント♡

ウールではないけど厚手なので冬もスタメン
キレイな青を際立たせる黒を使わないコーデも気に入ってます
ワンピ以外は茶系トーンで優しい印象

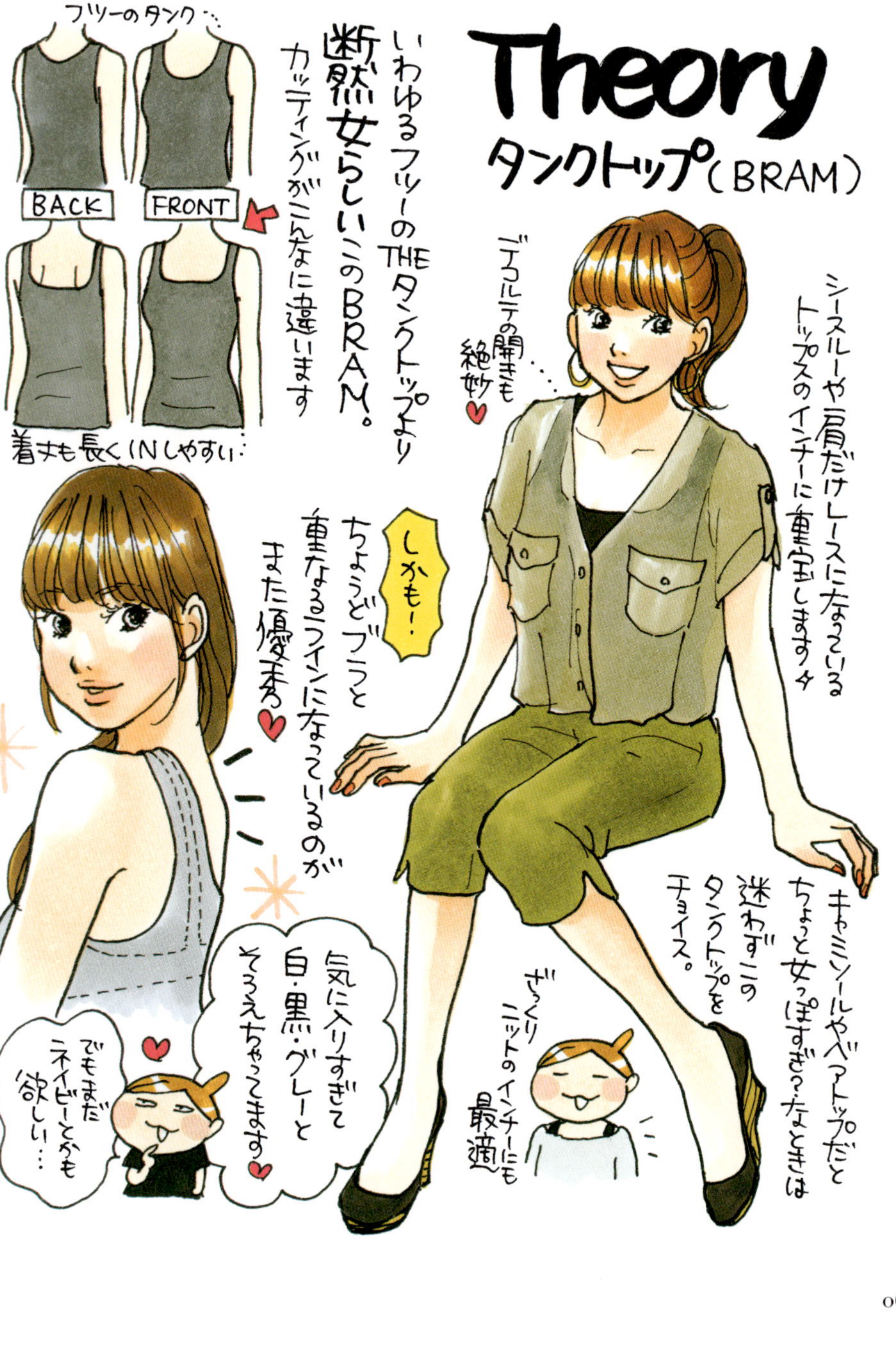
Theory
タンクトップ（BRAM）
フツーのタンク…
BACK
FRONT
着丈も長くINしやすい…
いわゆるフツーのTHEタンクトップより
断然女らしいこのBRAM。
カッティングがこんなに違います
シースルーや肩だけレースになっているトップスのインナーに重宝します♪
デコルテの開きも…絶妙♥
しかも！
ちょうどブラと重なるラインになっているのがまた優秀♥
キャミソールやベアトップだとちょっと女っぽすぎ？なときは迷わずこのタンクトップをチョイス。
ざっくりニットのインナーにも最適
気に入りすぎて白・黒・グレーとそろえちゃってます♥
でもまだネイビーとかも欲しい…

どんなアウターとも好相性で、持っていれば確実に重宝するTheoryのタンクトップ。定番のモノトーンの他、シーズンカラーも魅力。なめらかで伸縮性のあるカットソー素材だから着心地抜群です。

Item Memo

タンクにしては値段が高いので迷いましたが、実際に着用している店員さんの話を聞いて購入を決意。女性らしいラインが素敵。でもキャミソールよりはヘルシーです。着丈が長いのもインナーとしては嬉しいところ。定番色は在庫も豊富な印象です。写真以外にチャコールグレーも愛用中。

同じくTheoryの大人気バックレースニットに好相性
…
ちなみにコチラが再びTheoryをチェックするようになったきっかけのニットです♥
(白と黒の2色展開で追加生産してもアッという間に売り切れてしまった幻のニット。)

COLE HAAN
Minkaエアサンダル
NIKE AIR搭載で履き心地の良さで有名なコールハーン。かれこれ10年来、毎年のように購入しているブランドです。
今シーズンはスネーク柄の型押しレザーと編み上げ風のデザインがカッコいいサンダルをget♥
VIVA NIKE AIR★
9cmヒールでもNIKE AIRのおかげで疲れにくい!!
シンプルなワンピスタイルのアクセントに♥
…もちろんパンツスタイルで辛口にまとめてもしっくりきます
1900d!
アイボリーとスネーク柄のコンビなので肌なじみもよく、着る服の色を選ばないのも購入の決め手でした。

NIKE傘下に入ったことで実現したCOLE HAANのエアシリーズ。ドレスシューズにナイキエアが投入されたことで一躍話題に。履き心地の良さと魅力的なデザインが両立されたシューズに、リピーター続出！

Item Memo

幅狭＋甲薄の足で合う靴がなくて困ることが多いのですが、このサンダルは覆われている面積が多いのであまりシビアにならなくて大丈夫でした。COLE HAANやSergio Rossiは合う型が多いかも。オフホワイトベースだから合わせやすい一足です。ちなみにコレも軽井沢アウトレットで購入です。

あまり
装飾のない
端正なパンプスが好み。
そんなシンプルなデザインが
揃う上、足幅が狭く甲も薄い私の足でも疲れにくいので
コールハーンのパンプスにはかなり信頼を寄せています♥

I ♥ 柄物ストール

柄物にまったく抵抗がないので服でもバッグでも取り入れるのは平気なのですが、中でもついつい買い集めがちなのがストール！ 買っても買っても可愛いストールを発見してしまうのはなぜ〜〜（笑）！ だって、シンプルな服の時も柄ストール巻くだけでずいぶん華やかになりますもんね！ そう、柄ストールはとっても偉いヤツなのです。

Shinzone
レオパ柄の後にこのスネーク柄も購入。黒〜グレー系コーデの時によく使います

DIANE VON FURSTENBERG
ピンクの縦ラインに惹かれて購入。トレンチコートのベージュによく映えます

YARNZ
初めて買ったYARNZがこのワイルドフラワーという柄。赤が効いててかっこいい！

CHANEL
白く大きなカメリアが描かれています。ベージュ×紫がシック

EMILIO PUCCI

大判のリネン素材なので夏場の冷房対策に。ブルートーンで涼しげなのもいい

COACH

赤×紫というなかなかないレオパ柄がお気に入り。アウトレット戦利品

YARNZ

色々なアニマル柄がMIX！でもベーシックカラーなので使いやすい♪

値段は可愛くないけど
かーわーいーいー

4

ハイブランド・アイテムの魅力

買う時はちょっと勇気のいるお値段だったりするハイブランド。
でも自分で買うからこそ、いいんです。だって愛着が増しますもん！
最初は高揚感を与えてくれたものが、次第に自分に馴染んで
愛おしくなってくる……。そんな幸福感を与えてくれるのも
ハイブランドならではの魅力です。

丹誠込めて製作された
リバーシブルバッグ

HERMÈS

DOUBLE SENS 36

ずーっと飽きずに使える
〝赤いバッグ〟を探していた時に
出会ってしまったんです。
見事なまでの鮮やかな発色、
上質なレザーのツヤ、
買わない理由が見あたり
ませんでした。

少し小さめのこの36cmサイズは
女性が持つのにちょうどいい大きさ。
ラグジュアリーなリバーシブルトート、
大人の楽しみとして 気負わず
どんどん
使って
ます♥

外側と内側で色が違う、バイカラーのリバーシブルのトートバッグ。切りっぱなしのフチにはアスティカージュと呼ばれる蝋止め処理がされています。職人が８時間かけて製作しているというバッグ。納得の手ざわり、革の素晴らしさです。「36」と一回り大きな「45」の２サイズ展開。

Item Memo

ダブルセンスが発売になった当初、実物を見て「ステキだけどちょっと大きいかな……」と思ったので、打ち合わせ帰りにふらりと立ち寄った新宿伊勢丹のエルメスでこの一回り小さいサイズを発見した時は興奮で「こんなサイズもあるんですね!!!」と鼻息荒く店員さんに話しかけてしまいました（笑）。その上質なレザーの風合いにハマって、今や大きいサイズも欲しくなっているから不思議。

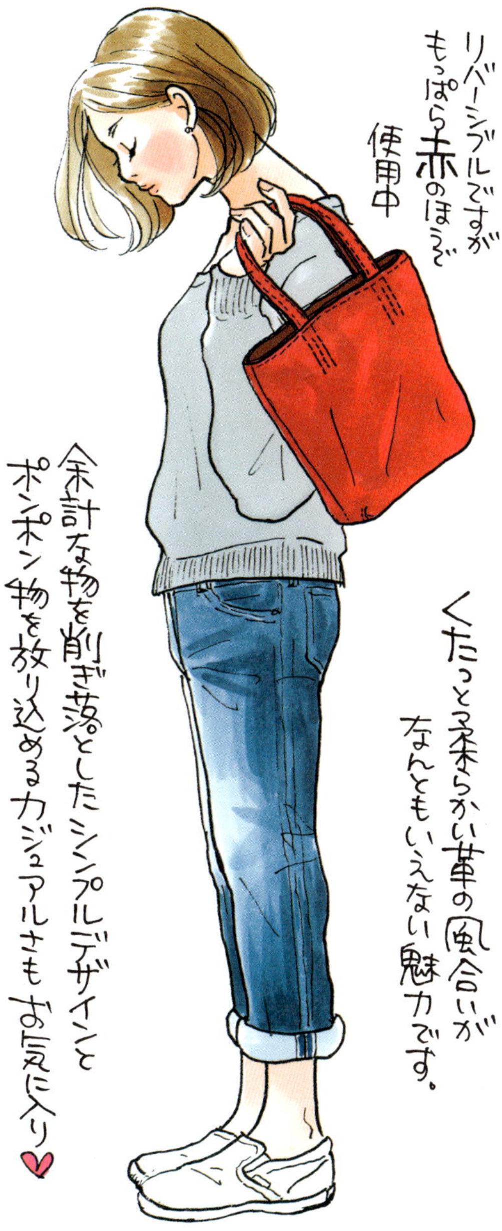

リバーシブルですが
もっぱら赤のほうで
使用中
くたっと柔らかい革の風合いが
なんともいえない魅力です。
余計な物を削ぎ落としたシンプルデザインと
ポンポン物を放り込めるカジュアルさもお気に入り

SAINT LAURENT
PARIS
DUFFLE6
エディ・スリマン就任で生まれ変わったサンローラン。ファーストシーズンから大人気になったこのバッグ、かわいすぎて私も飛びついちゃいました。幅30cmという絶妙なサイズ感で持つ人の身長を選ばないのもポイント
使いやすい色味の2トーンを先に購入し
追って、差し色になるグリーンをゲット!!
DUFFLEは3サイズ展開。
"6時間用"のコチラがDUFFLE6
一番小さいDUFFLE3(ベイビーダッフル)も
狙ってます

新生SAINT LAURENTを象徴するバッグ「DUFFLE」。洗練されたミニマルなフォルムと、「時間」をコンセプトにしたサイズ展開が印象的。DUFFLE6は、6時間分の荷物が収納できます、という意味。

Item Memo

まず黒×ベージュを購入。その後、グリーン、ベイビーダッフルの赤とグレーを買いました。グリーンは元々狙っていた色だったのですが、伊勢丹でセールになっていたので即ゲット。ベイビーダッフルは赤とグレーとで死ぬほど悩んで、結果、両方お持ち帰り。ダッフル12も欲しい……。すっかりハマってます！

そして…
DUFFLE3もget♥
見ためはコンパクトなのにマチがあるので必要最低限なものはちゃんと収まる優秀さ♪
こうやってサラリと肩からかけてもいいし、斜めがけもできるので使い勝手もバツグン♪
こちらも色チ買い！
どっちも超〜いい色♥

VALENTINO
ロックスタッズクラッチ
もはやヴァレンティノのアイコンともいえるロックスタッズシリーズ✧
スタッズに目がない私は当然小物(ブレス)やバッグとどハマリ中なんですが、
このクラッチバッグはサイズもW34×H23(cm)と大きくいろいろ入るので普段使いにピッタリで大活躍♥♥
実は『おしゃれのルール』にも何度も登場してます…
ストラップつきなのも便利
財布
ケータイ
本
ポーチ
いつもだいたいこれだけ入ってます
あとハンカチとハブラシセットとか

機能的なものが多く登場してきたことで、デイリーな愛用者が急増したクラッチ。大きめサイズは収納力に加えボディを華奢に女性らしく見せてもくれます。一気にこなれた印象を作ってくれる優秀アイテム。

Item Memo

黄味の強くないゴールドに惹かれて買い集めているロックスタッズシリーズ。最初に買ったクラッチバッグは赤も候補にあったのですが、その持ち方上どうしても汚れは目立つだろうということでオーソドックスに黒を購入。結果、手汗をかきやすい夏場にも気にせず使用できるので大正解でした♪

私にしては珍しい茶色のバッグ。ダークなカフェオレカラーなのでニュアンスが出て使いやすいかなと思い購入。あまり大きく見えないのにA4が入るので仕事バッグとして重宝。ブレスはいろいろな時計と重ね付けしてます。

ロックスタッズシリーズは右ページのクラッチ以外の型も購入♥
主張の強すぎないブレスは時計との重ねづけに最適
A4サイズがピッタリ入る絶妙なサイジング
仕事バッグとして重宝してます♪

FOREVER MARK
THE CENTER OF MY UNIVERSE
パヴェダイヤピアス
"THE CENTER OF MY UNIVERSE"と
題されたこのコレクションは
"あなたの輝きが
あなたの大切な世界を
照らす"という
メッセージがこめられています。
そうありたいと願う私の
ステディジュエリー
中心のダイヤが周りより
少し高くセッティングされた
立体的なデザイン

世界最大のダイヤモンドカンパニーDE BEERSグループから誕生したブランド「FOREVER MARK」。ダイヤモンドの表面には肉眼では確認できないほど微かに、ブランドアイコンと個別認証ナンバーが印されています。

Item Memo

厳選されたダイヤが本当に美しくて惚れ惚れ。希少なダイヤモンドを活かすシンプルかつ高級感あるデザインが人気です。パヴェだと甘くなりがちですが、こちらはキリッとした面持ちなのでとても付けやすいんです。華と知的さを持ち合わせた「THE CENTER OF MY UNIVERSE」は頑張る女性にぴったりなブランドです。

『DRESS』(2014年2月号)

DRESS × FOREVER MARK

私の輝きが、
私の大切な世界を照らす

DRESS

大特集 2014年は、幸せグセを身に付ける!

全ての工程に
おいて
ダイヤモンドエキスパートが愛情を注いで
作られたものだからこそ、の存在感ある煌めきは
日常のシンプルコーデを格上げしてくれます

column

I ♥ SNOOPY

幼少の頃から愛してやまないスヌーピー。好きなあまり「ヌーピー」というオリジナルキャラまで作ってしまった私ですが、数年前には公式ムックに紹介していただくという（ヌーピーの説明も掲載）光栄な出来事が！　これからも浮気することなくスヌを愛し続けます！

MILKFED.
PEANUTSの中では覆面をつけた腕相撲王という設定。よってこのポーズ

Anoter Edition
CHAMPIONとのトリプルコラボ。同じく覆面スヌ。見つけると即買いです！

MILKFED.
黒革とフェイスが大人っぽい二重巻き時計。アクセントに

JOURNAL STANDARD

くったり感が施されたスウェット。ダンシングスヌが可愛い♡

Shinzone

カラーリングに惹かれて購入。白ボトムスと合わせると爽やか！

furfur

痩せたスヌではなく妹ベルの子、つまり甥。アンガールズ体型(笑)

UNIQLO

チェックを怠らないようにしている UT。可愛い物アリ

rich

サーフィン！作者のシュルツさんの大のスポーツ好きを反映

nano・universe

2010 年ワールドカップの年ならではのプリント。ゆるTが当時の流行を反映

SPIRAL GIRL

ギャルブランドもチェック♪表は胸のところにロゴのみのクルーネックカーデ

若者ぶる
ふふ…

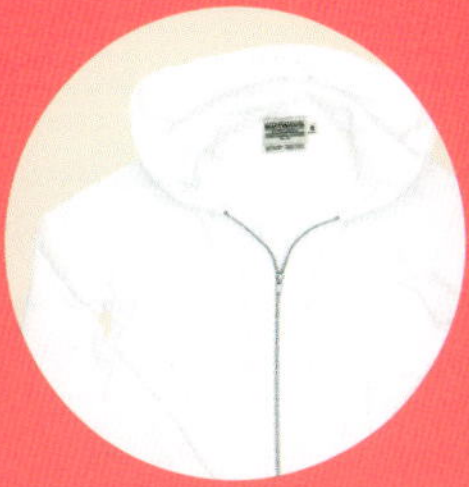

5

ヤングブランド新提案

お財布に優しく旬なものが欲しい時はヤングブランドを要チェック！
オーバーエイジでも着られる優秀アイテムの宝庫、掘り出し物がざっくざく♪
とはいえ全身ヤングブランドだと若作りになりがちなので、
手持ちのワードローブとなじませるのが鉄則です。

大好きなパーカーを 女性らしく

BEAUTY&YOUTH
バルキーパーカー
アイボリーではなくまっ白
というのが新鮮で購入。
ポケットまわりのステッチや
サイジングが絶妙で
ヘビロテ中
白が映える
モノトーンコーデもステキ
ベーシックなアイテム
だからこそ吟味して
選びたいパーカー。
サイズ・肌触り・着心地
ともに大満足の1枚です
女性らしく
着たいので
Sをチョイス
コンパクトなつくりなのでスカートとも相性◎

パーカーはコンパクトなサイズ感のものを選べば、スカートとの相性も抜群で女性らしく着こなせます。袖をめくったり、ボトムスとシューズの間から肌を見せたりして、抜け感を作ると爽やかな印象に。

Item Memo

肉厚な素材と真っ白な色が溺愛ポイント♪
パーカーはゆとりがあると、どうしても部屋着感が増してしまうのでふだんはMサイズですが、これはSをチョイス。パーカー自体が厚手なので、インナーはタンクトップやTシャツのような袖無し、半袖など、薄着と割り切って。

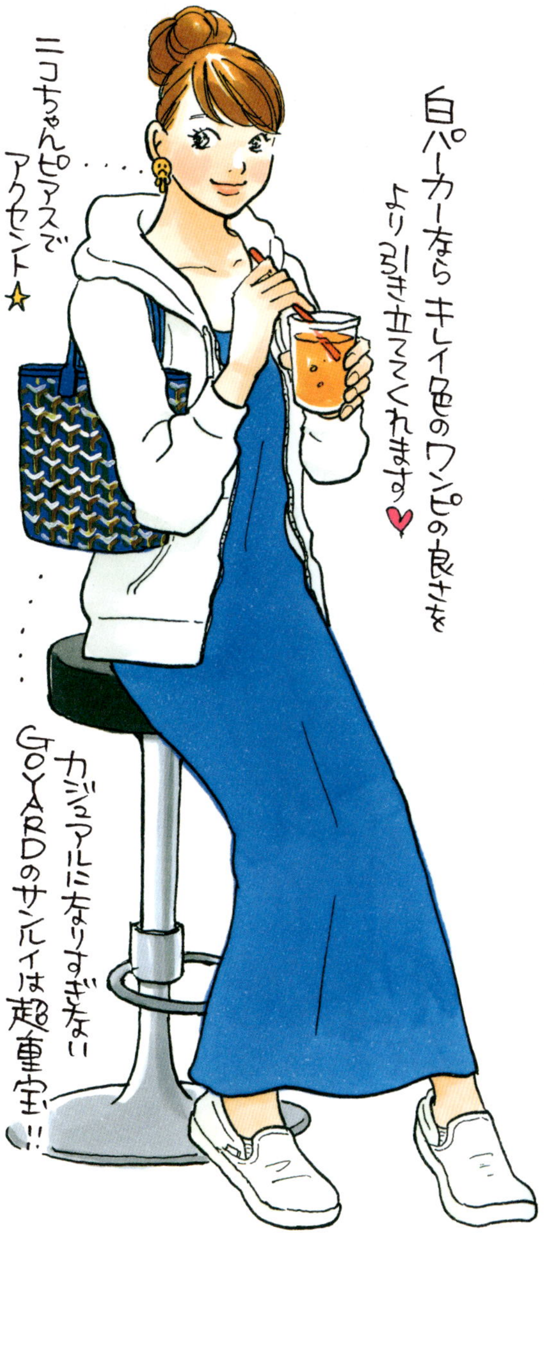
白パーカーならキレイ色のワンピの良さを
より引き立ててくれます♥
ニコちゃんピアスで
アクセント★
カジュアルになりすぎない
GOYARDのサンルイは超重宝!!

GALLARDA GALANTE
カラーパンツ
少しゆとりのあるラインで
伸縮性もバツグンなこのパンツ。
デニム素材ではなく薄手の
コットン系なので 秋口にはJKと
合わせてカッチリ着てもいい感じ
下半身デブな私も
(ちょっと)
スッキリ見える
うれしいパンツ♪
…ドレスアップ仕様も
…センタープレスで
キレイめに着るもよし、
休日はロールアップして
カットソーやゆるTと
合わせてラフな
着こなしを
楽しむもよし
…もちろん
カジュアルにも

コーディネートが華やぐカラーパンツ。センタープレスを効かせた一本はキレイめに履ける上、美脚効果も期待できます。カジュアルダウンもドレスアップもできて重宝。

Item Memo

正式品名は「カスリカラーパンツ」。パンツ全体は裏地を表側にして作られていて確かにカスリっぽいです。本来の表地はウェストとポケットの折り返し部分でちょこっと見えます。シワになりにくい便利な一本。脚のラインを拾わない、大人にも優しいデザインです。

WILDFOXの食いしん坊ニット(笑)は
オフホワイトなので オレンジパンツとの
…なじませ色にぴったり★
REMIのデニムシャツを
INしてもいい♥

変形ボレロが
ひねりある着こなしを実現

Ray BEAMS
ネイティブボーダーボレロ
店頭でひと目惚れして
即決したニットボレロ。
ゆったりとした着心地と
腰まで隠れる長めの着丈が
大人カジュアルにぴったり♥
シンプルなコーデに
さらっと羽織るだけで
サマになる、変形
パターンも魅力です
後ろ姿は
こんな感じ♪
・・・・発色がとにかく
美しい!!
海に行くなら
デニショーと
合わせたい!!♥

配色や織り方にこだわった、着丈の長めな変形ニットボレロ。綿、麻素材なので3シーズン着回しOKです。ボーダー柄とニットのうねのおかげでシワが目立たないのも嬉しいところ。

派手なのに
飽きのこない、
大好きな
ニットカーデ♥
動くとよりわかる
凝ったパターン♥
カーキやベージュの
ボトムスとも相性よし♪

Item Memo

よく見るとグラデになっていたり、色の重ね合わせや並び方が可愛いニットボレロ。フォークロア調の雰囲気でアウトドアによく映えます。こういうサラッと羽織ってサマになるニットは、一枚あるとシンプルコーデが一新するのでおすすめです♪

『DRESS』(2013年7月号)

雑誌の撮影にも着用。ちなみにボトムスは26ページのRED CARD。

大胆なカッティングが魅力の
定番ボーダー

rich
コットンボーダーニット
ヘルシーで女らしい
アイテムが揃うrich。
ミニ丈のワンピやスカートは
もう厳しいので(苦笑)
トップス狙いでお店を
のぞきます。
着映えする
1着が
見つかるので
あなどれません♪
前から見るとフツウ
ボートネックニットは
後ろ姿にサプライズ☆
胸元が開いているより
下品にならない
優れものニット♥

裾のフリルが程よいゆったり感を生んでくれて、お腹まわりを気にせずに着られるコンパクトなトップス。バックの大胆なカッティングも魅力。

大人ならではの肌見せバランスを意識して。

Item Memo

着ると意外に甘くならずにスッキリ見える大人可愛いニットです♡裾もボーダー部分と同じニット素材なので、いかにもフリルという感じにな らないのもツボ。丸二年ヘビロテしてますが、伸びずに型くずれもナシ！背中が大胆に開いている分、ボトムスは肌の露出控えめくらいが上品。

マキシやひざ丈スカートで肌の露出を抑えて
タウンスタイルに♡
後ろ姿美人はキレイな背中があってこそ！
日々のケアの賜物です
怠っちゃノンノン

トップーボトムの
絶妙なバランスが◎

SLY
コンビネーション
ワンピース
意外とあなどれないギャルブランド。
このワンピースはなんとボトム部分はシフォン
ゆったりした落ち感がキレイなトップスも
大人仕様でアラフォーでも問題ナシ！
しかもこれだけ凝ったつくりで5985円
EИD
Nが反転していてニクい☆
…まっ赤なバッグを
差し色に♥
…安心のひざ下丈なのも
ポイント高し！
JKをはおれば
グッと秋らしく♥
オーバーエイジだからって
ひよらず…
パトロールすると
掘り出し物に
出会えます♥
ギャルブランド

透け感あるシフォンスカートが、ひざ下丈でも軽やかに見せてくれます。ウェスト部分は紐になっているので、スタイリングに変化がつけられて楽しい一着。シワも気にならず使い勝手良好です。

Item Memo

ミニ丈やローライズのスキニーとか、絶対履けない物が多いイメージのギャルブランドにもこんなに大人に優しいシルエットのものがあるんです♪黒で汚れが気にならないし、おまけにウェストもゴムなので焼肉屋や居酒屋に行く時にも気兼ねなく着られて便利！

HYKEの濃紺のGジャンで
カジュアルシックに…
ワンピのロゴとリンクさせた
白の大振りピアスでアクセントを
CHANELの
チェーンバッグで
格上げ

Abahouse Devinette
ペイントチェックパンツ
暑さの残る日は半袖のプルオーバーブラウスで。
いわゆる王道のチェックより
この水彩で描いたようなチェックは女らしい印象に
真冬以外の3シーズン着られる
素材(ポリエステル)感と色味が
魅力
ゆったりした
Vネックニットで
大人ならではの上品コーデも
ステキです

ペイント風の大きめチェックが、程良いトラッド感と抜け感を両立。ウェストの後ろ部分はゴム仕様で履き心地良し。さらっとした素材とこっくりとしたカラーで、3シーズン大活躍。

Item Memo

柄パンというとやっぱり主流は花柄。寒くなったら王道のタータンチェックも可愛いけど、もうちょっとライトに着こなせて花柄以外のパンツも欲しいな〜〜なんて思っていた時に見つけちゃいました♪テロっとした素材と水彩タッチで優しい印象を醸し出してくれます。

春先はベビーピンクのニットで軽やかに♥
黒小物はNG!! グレーでなじませて。
甘すぎないのに
ほんのり女らしいコーデ♥

素材／デザイン／価格
すべて良し

The Virgnia
シルクカシミアニット
スタイリストの佐々木敬子さんがディレクションするThe Virgniaは“等身大のラグジュアリー”をブランドコンセプトに掲げているだけあって上質なアイテムが買いやすい価格で揃ってます。しかもどれもシルエットがさりげなく女っぽい
このニットはデコルテの開き具合がステキで無地も狙ってます
ぴったりしすぎないフィット感も大人の女性にうれしい
インナーに白タンクを入れるとヘルシーに
色落ちデニムと合わせて王道カジュアルもよし
同素材でカーデもあります
カラーパンツでキレイめコーデにするもよし

シルクカシミアの高級感が嬉しいニット。薄手なのでジャケットの下にもすっきり着られます。定番デザインながらVの開き具合や身幅など、細かい部分にこだわって作られていることがわかる一枚。

アクアスキュータムのトレンチで大人カジュアル
Leeのオフ白のコーデュロイパンツで爽やかな抜け感を…
この先もずーっとしてそうなTHE王道コーデ

Item Memo

自分でもよく飽きないなというくらい、大のボーダー好き。カジュアル色の強い太ボーダーながらカシミア素材で肌にほどよく添う感じが、女性らしいニット。色違いも欲しいな〜と思ってるうちに売り切れちゃいました。残念！

フレア+パステルカラーを大人っぽく

dahlia
フラノフレア
ミニスカート
タイツの時季が来ると
春夏よりは気が大きくなって(笑)
ひざ上のスカートが履きやすくなります。
とはいえ甘めコーデは大人の女性には
危険度(大)。
…黒で全体を引き締めて、足元に
ポイントを✧…
↑こういう
フェミニンな色と形の
スカートを履くときは
スッキリしたテイストの
ものを合わせて、極力
子供っぽくなるのを回避
するのが鉄則です
…あえて黒を使わず
優しいトーンにまとめても
上品でステキ♥

フラノ素材が大人っぽい落ち感を作ってくれるサーキュラー風スカート。パステルカラーは黒をベースにしたり、落ち着いたスモーキーパステルを選べば、子供っぽくならずに楽しめます。

Item Memo

ふらりと立ち寄ったBEAUTY & YOUTHで、その綺麗な色に思わず目が留まって購入（色違いのグレーは全く視界に入ってこなかった……笑）！
これがピンクだと甘過ぎてスルーしたと思いますが、ブルーなら辛口アイテムと組み合わせればアリだなと。暗めになる秋冬のコーデに華を添えてくれる主役級スカートです。

白シャツINで顔まわりを
明るく
白シャツ×ネイビーニットで
良家のお嬢様風（あくまで風…笑）
スタッズクラッチで
辛口要素を
プラス
…アウターは
トレンチか
ダッフルコートで
THE王道コーデ

カジュアルだけど
華やかな一足

MINNETONKA

フルレオパードモック

ミネトンカといえばスエードのブーツやモカシンが有名ですが
ちょっとカジュアルすぎ…という人にオススメなのがコチラ。
レオパード柄でハラコ素材のモカシンなら…
〝大人のカジュアルコーデにしっくりハマります❤
そんなにくだけた格好はできないけど
長時間歩いたり立ったりしていなくては
ならない日の強〜い味方にもなってくれます♪

カチッとした
メンズライクな
アイテムとのコーデも
潔くてステキです☆

もちろん
スカート
スタイルにも
ぴったり❤

50年前と変わらず今でもハンドメイドされているMINNETONKA。クッション性のあるインソールと靴裏のラバーソールが履きやすさの秘密です。オールハラコで印象的な足元を。

ロックTやキャラTで遊び心をプラス♥
全身黒でもチュールスカートなら重い印象になりません♪
ライブなどのイベントに行く際にオススメのコーデ

Item Memo

MINNETONKAというと、数年前に一大ブームになったスエードのフリンジブーツを思い出す人も多いのでは？
でも実はオーソドックスな表革だったり、こんなハラコのシックなモカシンもあるんです♪疲れにくくて、スニーカーよりはキレイめのものを履きたい時に重宝します。

I ♥ ブル柄

父が定年退職したら飼う予定だったブルドッグ。それがブリーダーさんのところに見に行ったが最後、パピブルの可愛さにやられて数年前倒しで飼うことに。こうして進藤家にやってきたイングリッシュブルドッグは弟に「ブルミ」と 名付けられ、メキメキ成長。現在7歳27kg。ここに紹介した物以外にも、キャンドルやクッションカバーなどインテリアアイテムもブル柄が侵食中(笑)。

beautiful people

サンローランのクチュリエの愛犬をモチーフにしたプルオーバー

YARNZ

ブル柄発見！ブルミよりスマートなブルさんが描かれています

ブルミ

進藤家のアイドル。ブル界イチの胴長短足っぷりが愛おしい♡

Whim Gazette
こちらもYALE大がモチーフ。白Tより女性らしく着られるシルエット

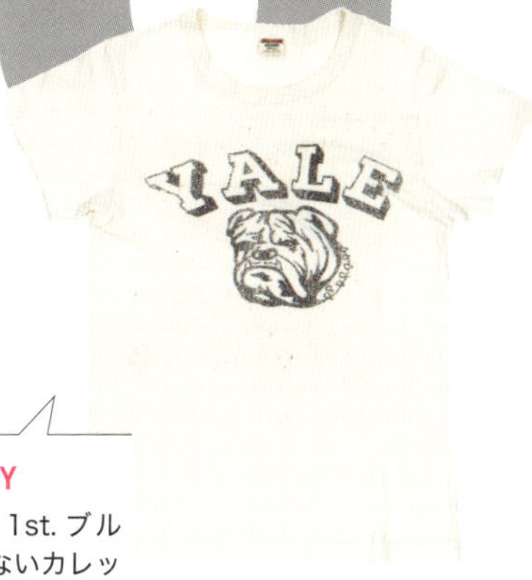

BEAMS BOY
記念すべき1st.ブル柄。クセのないカレッジTで使いやすい♪

Maison de Reefur
まんまブルミなカラーリングのブルさんワッペン♡自己満カーデ

最近 運動
ゼー
ハー
サボり気味…

6

普段使いしたい
スポーツ系

サーフィン、スケボー、ランニング……。
「私そのスポーツに縁がないし」なんていって勝手に縁遠くしちゃったら
もったいない！　最近のスポーツ＆アウトドアブランドは可愛いものだらけ。
おまけに機能性も優れているなんて、
これはもう買わずにはいられません♪

VANS SLIP ON《スリッポン》

スニーカーは元々大好きなんですが
足入れの良さでいったらこのスリッポンは
ホントーにらくちんで手放せません♪
同じペタンコ靴でもバレエシューズだと
フェミニンな印象になりますが、もっと
「抜け感」がほしいときに役立ちます♥

ちょっと女らしい
カジュアルコーデに
足元はスリッポン！が好み♥…

オフホワイトと
ブルーのタイダイを
愛用中。
タイダイのほうは
よりカジュアルな
雰囲気に
なります☆

時期や年齢を問わず人気のスリッポン。ワッフルソールと呼ばれる靴底が、柔らかさとグリップの良さで履きやすさを保証。限定品や復刻版を含め、毎年発売される豊富なカラーデザインも気になります。

Item Memo

スケーターブランドとして人気を博するVANS。CONVERSEより更にストリート色を強く感じるかもしれませんが、無地のスリッポンなら大人の女性にもすんなり馴染みます。無地以外に毎シーズンいろいろな柄物が発売されるのでマメにチェックしたい！

無地のキャップは大人の女性でも使いやすい♥
体に付かず離れずのシルエットのワンピがベター
CINQUANTAのレザートートならカジュアルリッチ
オフホワイトの小物使いで爽やかに

軽量で色柄も可愛い
ウィンドブレーカー

Patagonia
バギーズジャケット
(KIDS/XL)
海・山、どちらに行くときも日焼け防止や気温の変化に対応できる軽量のアウターは持っていきたいですよね。このバギーズジャケットはサラッとした着心地かつ速乾性も高いのですごーく重宝します。総柄でシワが目立たないのも◎
シンプルなマキシスカートと合わせて普段も着ちゃってます♪
最初にこのグリーンを買い、あとでピンクも購入。→
春夏はピンクな気分♥
腰に巻くといいアクセントに♥

耐久性撥水加工がされているPatagoniaのバギーズジャケットは、肌触りも良く、雨の時にも大活躍！　華やかなプリント柄でタウンでも楽しく着られます。KIDSサイズでコンパクトに。

軽くてサラリとした…着心地はデイリーにぴったり
Tシャツ・デニスカに羽織ってこなれたワンマイルスタイルに♡
…グリーン×ネイビー柄は秋もOKな色合い♪

Item Memo

レディースではなくキッズ用なので、サイドがシェイプされたりせずストレートラインなのもお気に入り。ピンクは特にキッズならではのカラフルな可愛らしさで、着ると気分が上がります。こういう柄物は次のシーズンには同じ物が出ないので気になったら迷わず買い！です。

ピンクは春夏の旅行などにぴったり。女性ならではの可愛さもアリ♡

グリーンはよりタウン使いしやすい柄。晩夏〜秋の旅行はこちらを着用

リゾートからタウンまで OKのマキシ

ROXY
サマーホリデードレス
ビーチカルチャーで人気のブランドだけに
水濡れに強い素材で作られたマキシワンピ♥
胸パッド付きなのでこれ1枚で着られるのも嬉しい!
旅にはこういうワンピが欠かせません♪
インパクト小物をプラスして
ビーチリゾートを満喫するのもgood♥
ゴールド小物なら大人っぽい

トロピカルムードのプリントと胸元のフリルがキュートなマキシ丈ワンピース。肩ひもで丈の調節が可能です。水濡れに強く乾きやすい素材なので、ビーチからタウンまで楽しめます。

Item Memo

サーフィンもボディボードもやらないので、ROXYとは全く縁遠い感じで過ごしてきたのですが、ここにきてチェックするようになったのは「島遊び」をするようになったから。東京とは思えない豊かな自然とゆったりとした空気感を味わえる伊豆七島の新島や、四国・九州、沖縄の島旅のお供にはこういうワンピがピッタリ。気分も上がっておすすめ♪

デニムシャツといえど襟つき！リゾート感が抑えられて
電車に乗っても白い目で見られずに済みます（笑）
REMIのシャツを羽織ればタウン仕様のリラックスカジュアルに

スポーツウェアで楽しむおしゃれ

私、ほんの20年前の高校時代は（へなちょこ）陸上部員だったんですが
当時のランニングウエアといったら
おしゃれとはほど遠いものばかり…。
しいて言うなら
黒ジャージは
おしゃれ
…程度（笑）
Tialeeray
ランニングTシャツ
それが
まさかこんなおしゃれなウエアでランニングをする日がこようとは…
感涙…
今シーズンはレオパード
これだけかわいいので
もちろん普段使いも
OK
ランパンも毎シーズン
おしゃれなので要チェック
20年ぶりに
走り始めて自分の
老化っぷりにがく然…
ヒー
ちょっと
サボると
すぐ0《ゼロ》に
戻る!!（苦笑）

快適で機能性が抜群の上、デザイン性やカラーリングの豊富さが女性たちに大人気のブランドTialeeray。ネオンカラーやスタッズが可愛らしく普段使いしたくなるものばかりです。

Item Memo

ふだんからおしゃれでカッコいいデザイナーの2人が作るTialeerayは、毎シーズン欲しいアイテムがいっぱいで厳選するのが大変！ランニングとヨガのラインがあり、このオールインワンはヨガラインのもの。パット入りなのでリゾート旅行にも重宝します。

2013AWはなんと…ラインストーン
イーグル模様でランTとは思えない
カッコ良さ!!
これぞデイリー使いできるランTの
究極の1形
買い逃さなくてよかった〜♡
(心から)

おわりに

昨年２０１３年にフリーランスのイラストレーターになって10周年を迎え、そして今年は40歳になるということから、勝手にこの本は「ちょっとした集大成」にしたいと考えていました。こだわるあまり、スケジュールもギリギリになって発売日に間に合うのかヒヤヒヤさせてしまいましたが、おかげで細部にまで納得のいく1冊をつくることができました。

もちろん私1人の力で成し得た訳ではありません！

4年前『欲ばりワードローブ』を担当してくださった編集・福永さんと、昨年『ミーハークローゼット』を作ってくださったデザイナー・清水さんと、再びチームを組んで一緒に本作りが出来たことにとても感謝しています。２人の力添えがなければ「プチ集大成」は作れませんでした。本当にありがとうございました！

そして、手にとって最後まで読んでくださったみなさんにも感謝感謝です。ありがとうございます！

相変わらずの買い物道楽な私の姿をかいま見て、買い物にでも行きたくなってくれたらちょっとは経済が潤うのに貢献していることになるでしょうか（笑）。

右脳派の私がみなさんにお伝えできることは「ひと目惚れ、信じてヨシ」ということくらいですかね。自分の「好き」という感覚に自信をもって、さ、どうぞ経済活動（＝買い物）に出かけてくださいませ〜〜♡

２０１４年　進藤やす子

進藤やす子（Yasuko Shindo）

数々の女性誌、広告で活躍中のおしゃれが大好きなイラストレーター。等身大でリアルなコーディネート＆エピソードが共感を呼んでいる。著書に『欲ばりワードローブ』（産業編集センター）、『コンサバ革命』『ミーハークローゼット』（ともにメディアファクトリー）、『おしゃれのルール』（宝島社）など。

進藤やす子の溺愛ワードローブ

2014年2月28日　第一刷発行

著 者　　進藤やす子

撮 影　　相澤伸也
ブックデザイン　　清水佳子

発 行　　株式会社産業編集センター
〒112-0011 東京都文京区千石 4-17-10

印刷・製本　　株式会社シナノパブリッシングプレス

ISBN978-4-86311-091-5　C0095

＊本書は「シティリビング」で2013年4月～11月まで連載された「進藤やす子の溺愛ワードローブ」に加筆・修正をし、大幅な描き下ろしを加えたものです。